TEA WI THE ABBOT
★
TAE I dTEANNTA AN ABA

Scots Haiku
John McDonald

Transcreations in Irish
Gabriel Rosenstock

Ⓣ **The Onslaught Press**

Published in Oxford by The Onslaught Press
11 Ridley Road, OX4 2QJ
September 2016

☐

ISBN: **978-0-9934217-5-4**

Typeset by Mathew Staunton in **DIN Next**
Printed and bound by Lightning Source

This edition is published in association with

IMRAM
FÉILE LITRÍOCHTA GAEILGE
IRISH LANGUAGE LITERATURE FESTIVAL

The haiku in this collection first appeared on
John McDonald's blog:

http://zenspeug.blogspot.ie/

A selection also appeared in Scots and Irish in the
online Irish-language newspaper *Tuairisc*

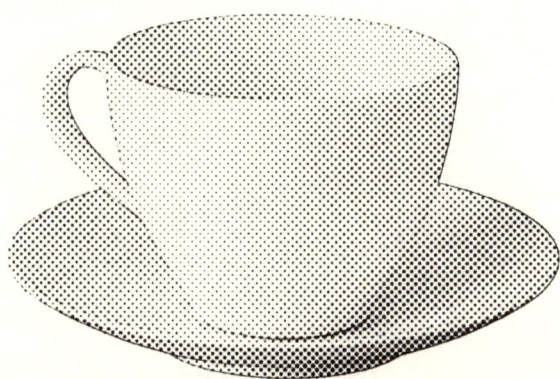

boxing day—
a disjaskit teddy-bear
quat on a perk bink

lá an dreoilín—
teidí tréigthe
ar bhinse páirce

abuin
the suicide's hoose
a skirlin maw

os cionn
theach an fhéinmharfóra
éamh an fhaoileáin

in the buss
threy roses
. . . fegs! yin's a reid rab

trí rós
sa sceach
. . . hoips! spideog ceann acu

3

en o term—
abuin the schuil
geese winnin awa

deireadh téarma—
os cionn na scoile
géanna ag imeacht

4

hame frae the kirk—
the muin's flittit
twa causeys awa

sa bhaile ón séipéal—
an ghealach bogtha
dhá shráid uaim

a singul straik—
hern raxin
frae yirth tae lift

aon bhuille amháin—
síneann an chorr réisc
ón talamh go dtí an spéir

addict—
cuddlin the rose
bleedin frae the breer

andúileach—
tugann barróg don rós
ag cur fola ón dealg

turnt tae the muin—
her bricht
smirkin neb

iompaithe chun na gealaí—
a gnúis gheal
gháiriteach

aw saints' day—
a witchie's bunnet
rowes alang the causey

lá na naomh—
hata caillí
ag rabhláil síos an tsráid

tea wi the abbot—
straeberry jeely
on's chin

tae i dteannta an aba—
subh sútha talún
ar a smig

a hinmaist flee
deein
wi the simmer

an chuil dheireanach
ag éag
i dteannta an tsamhraidh

clear vause o roses—
deep in the watter
muckle breers

vása glé rósanna—
go domhain san uisce
dealga formhéadaithe

the oops-an-doons
o thair youthie lives
... skeetbrod perk

saol na hóige
thíos seal thuas seal
... páirc chlárscátála

butterie—
ilka vaig
a daunce

féileacán—
gach aistear aige
ina dhamhsa

granbairn
rins skirlin—
ghaists amang the waashin

teitheann an garpháiste
is é ag béicíl—
taibhsí sa níochán

fremmit flooers—
a reid admiral
sattles on ma guidwife

bláthanna andúchasacha—
tuirlingíonn aimiréal dearg
ar mo bhean

faither's bothy—
bottle scrievit 'weed killer'
reekin o fusky

bothán m'athar—
buidéal 'fiailnimhe'
is boladh fuisce uaidh

lichtnin—
stappin frae a clud
a crofter wi's hey-sned

tintreach—
amach as scamall
feirmeoir sléibhe gona speal

flicht hindert—
oors tentie o
crans' aerobatics

moill ar an eitilt—
aeraclaíocht fhada
na ngabhlán gaoithe

mornin blues—
in a neuk
attercap thrums a threid

gormacha maidine—
téad á bualadh sa chúinne
ag damhán alla

20

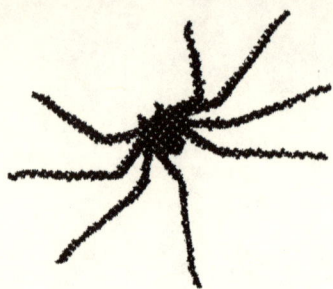

daffins
appenin
. . . ettlin tae croon

osclaíonn
lusanna an chromchinn
. . . fonn orthu amhrán a rá

voar—
throuch gray vennels
a reid bike

an t-earrach—
trí shráideanna liatha
rothar dearg

nicht puil—
fush hove
tae crottles o sterns

lochán istoíche—
éisc ag éirí
le haghaidh grabhróga réaltaí

burthday balloon
little-boukit—
granfaither's braith gane

balún lá breithe
sleabhctha—
daideo as anáil

on the strand
daw-pentit
chuckies

púróga
ar an trá
péinteáilte ag an maidneachan

hielant kye—
weet dreeps frae the taps
o thair horns

eallach gaelach—
báisteach ag sileadh
dá n-adharca

a murther—
craws
gaitherin

dúnmharú—
préacháin
ag cruinniú

burn in spate—
deuks jookin
aneath the brig

fuarlach san abhainn—
cromann lachain a gceann
faoin droichead

keek o day—
reid rab dookin
watter slawly reiddenin

camhaoir—
spideog á folcadh féin
an t-uisce á mhall-ruaimniú

the fiddlie's
shot fingers—
jeegs slawed tae waltzes

méara airtríteacha
an fhidléara—
an port ina váls

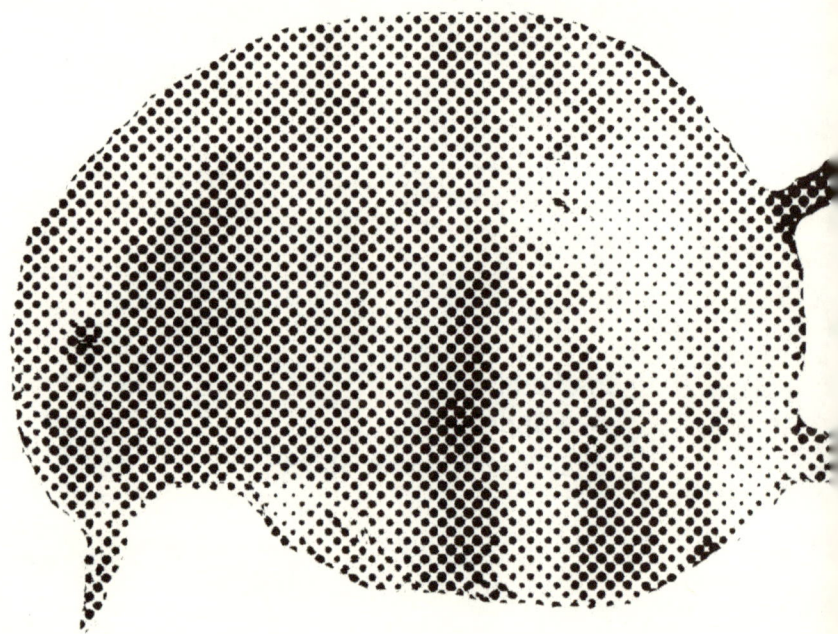

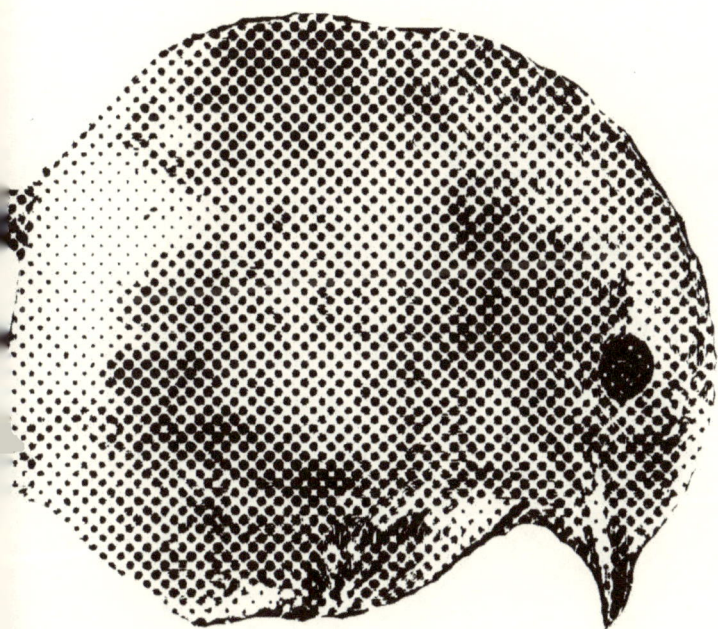

hielant veesit—
traikit a'ready
o wattergaws

cuairt ar na garbhchríocha—
bréan den bhogha síne
cheana féin

rememberance preachin—
oot frae the lown
a bairn's greet

seirbhís chuimhneacháin—
i lár an chiúnais
béic linbh

wund
throuch muinlit treen
... wutches it the door

gaoth
trí na crainn faoi sholas na gealaí
... cailleacha ag an doras

throuch ma gairden
heiven's watter
... throuch me

tríd an ngairdín
bealach na bó finne
... tríomsa

hairst leaves—
dowless reek
upwreilin

duilleoga an fhómhair—
deatach leisciúil
ag eirí

hern
fest wi the jazz
o the burn

corr éisc
gafa le snagcheol
an tsrutha

gran-bairn's veesit—
the morn
a 'super-glue' day

cuairt an gharpháiste—
beidh an lá amárach
ina lá sárghliú

thair shanks
a dour ABC—
deid jenny-nettles

a gcosa—
aibítir ghruama
na ngalán marbh

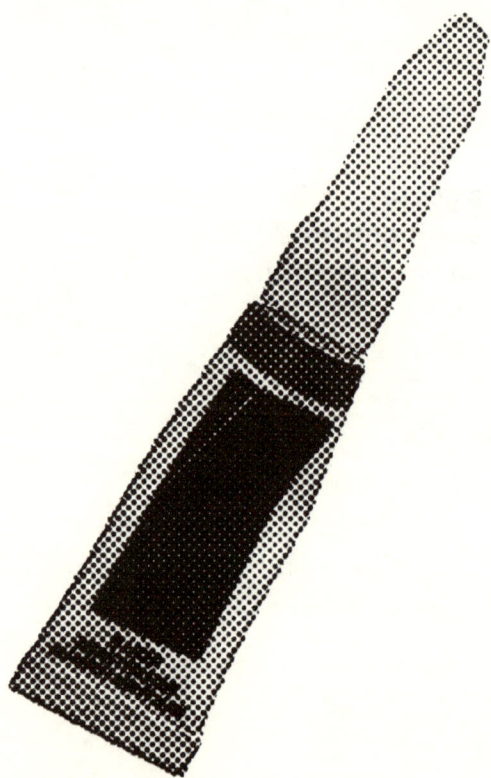

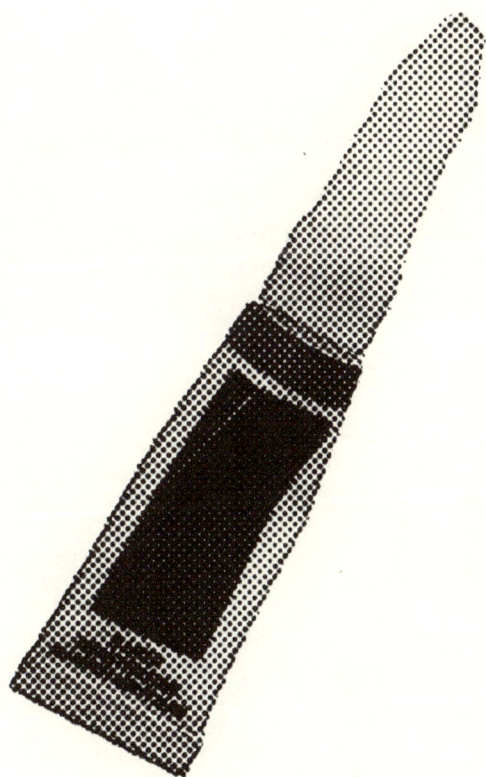

the makar's but-an-ben:
nae telly
juist a clog ingle

bothán an fhile
gan aon teilí
tine chonnaidh sin uile

buddleia
simmer howf
o drucken bees

tor an fhéileacáin
tábhairne samhraidh
na mbeach ar meisce

quat
i the yalla gowans
an eenin's lowe

fágtha
sna fearbáin
luisne an tráthnóna

frae'r carebed
bairns' vices
. . . furder ilka day

níos faide in aghaidh an lae
óna leaba bhreoiteachta
. . . glór na bpáistí

dementia
tentie o the butterie
. . . skeerie lik

néaltrú
breathnaíonn sé ar an bhféileacán
. . . sceon air

snell wund—
gean flourish
eemitatin snaw

gaoth ghoirt—
bláthanna silíní
ag déanamh aithrise ar shneachta

the puppie's
hert
o derkness

poipín—
an croí dorcha
ann

bleckie
fins a clint:
drum o snail's daith

aimsíonn
an lon dubh carraig:
drumadóireacht bhás an tseilide

smusht egg—
yin sang less
i the daydaw owercome

ubh bhasctha—
amhrán níos lú
i gceiliúr na camhaoire

voar—
bleckie's baird
o strae

earrach—
féasóg tuí
an loin

auld buits—
sonnet o a vaig
in ilk runkle

seanbhuataisí—
scéal aistir
i ngach roc

clabbydhus
on the leet:
thair seelent skirlin

diúilicíní
ar an mbiachlár:
scréach chiúin uathu

throu Mass—
the weet's turnt
tae snaw

i lár an Aifrinn—
d'iompaigh an bháisteach
ina sneachta

bowsie an brucken
oot wi the troke—
fernyear's dall

brúite basctha
amach leis an mbruscar—
bábóg na bliana seo caite

snell wund frae the sea
a maw hunkers on a pall
greetin in'ts een

gaoth fhuar ón muir
faoileán ina shuí ar mhullard
deora ina shúil

burn in spate
a fairmer corses
on unvisible stanes

tuile san abhainn
sall leis an bhfeirmeoir
ar chlocha dofheicthe

alane
at the bus-stap
a tuim yill bottle

leis féin
ag stad an bhus
buidéal beorach folamh

Yule
throuch scuddit brainches
blue bonnets blinter

an Nollaig
tré ghéaga loma
meantáin ghorma ag preabarnach

sundoon
aye wairmth
in her rosary beads

fuineadh gréine
teas fós
sa phaidrín aici

Yule bells—
myndin a deid fere
. . . hingin

cloig na Nollag—
ag smaoineamh ar chara marbh
. . . crochadh

furst freest—
a bodach an's eildit dug
uphaud ilk ither

an chéad sioc—
seanfhear agus a sheanghadhar
ag tacú lena chéile

oot frae the leaves
curlt intae a cleuch
a tint gliv

amach as na duilleoga
craptha ina crág
lámhainn chaillte

throuch the hailstanes
hollin berries
lichtin a peth

trí na clocha sneachta
cosán á shoilsiú
ag caora cuilinn

the auld mull dung doon—
muinlicht the nicht
in her chaumer

leagadh an sean-mhuileann—
an ghealach anocht
istigh ina seomra

bawdrons skooks
throuch the sheddaes
bluid on's neb

sleamhnaíonn an cat
trí na scáileanna
fuil ar a smut

alane nou
the bodach sterts
tae reek o pish

leis féin anois
agus tá boladh múin ag teacht
ón seanóir

toon crier
his muckle wame
whaur he hains's vice

bolscaire poiblí
a bholg mór
ina gcoinníonn sé a ghuth

liggin cantie—
her braith
on ma rig

inár luí go socair—
a hanáil
ar mo dhroim

prood stag—
the-day yir antlers
sellt on a weet toon causey

carria maorga—
 beanna ar díol inniu
ar shráid fhliuch na cathrach

dreich day
hern stauns i the weet
nae hause

lá fliuch
corr réisc ina seasamh faoin mbáisteach
gan mhuineál

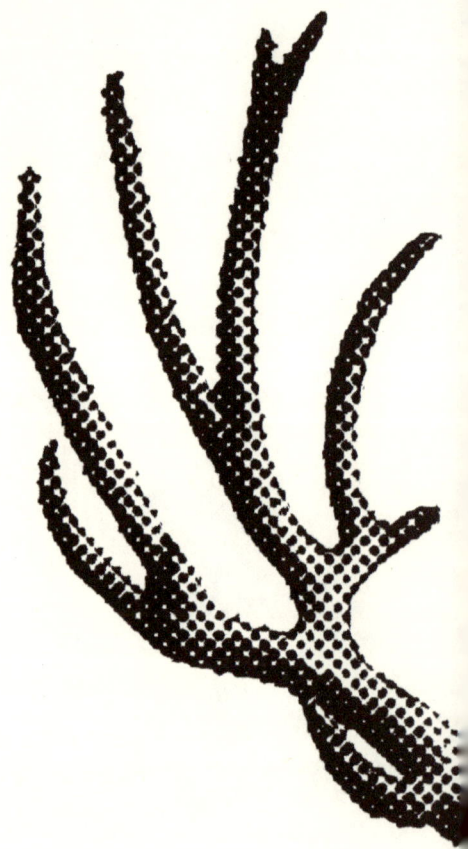

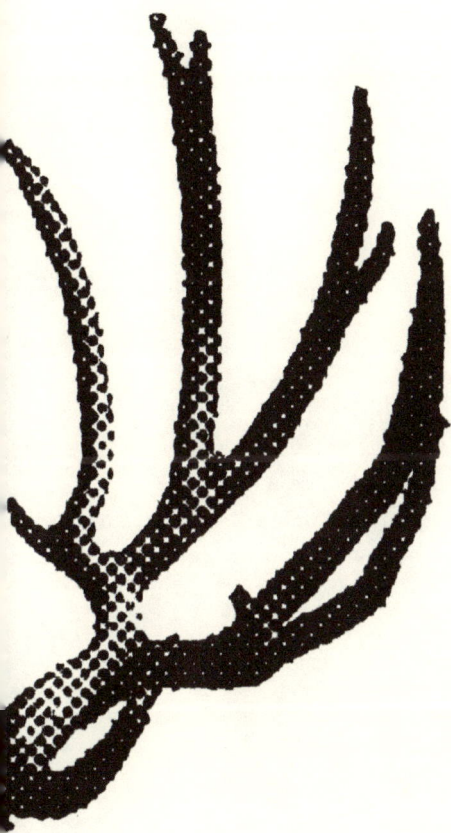

i cry 'guid mornin'
the deef chiel's dug
wingles its tail

'mora dhuit ar maidin!'
croitheann gadhar
an fhir bhodhair a ruball

69

hairst
on a lanesome roddin
a hinmaist breer

fómhar
conair uaigneach—
an fheirdhris dheireanach

in the baurber's keekin gless
set o ma faither's powe
aneath thinnin herr

scáthán an bhearbóra—
cruth bhlaosc m'athar
faoi ghruaig scáinte

leaves
colour o'r herr yince
flichterin throuch thaim

duilleoga—
dath a cuid gruaige tráth
ag rith tríothu

72

oot frae the haar
. . . an intae the haar
hern snuves

amach as an gceo
. . . isteach sa cheo
Jónaí an Scrogaill ar foluain

73

nid noddin
. . . the haar's swallaed
the wuid

dreas codlata
. . . an choill slogtha
ag an gceo

unner the brig
a yaised condom—
ettlin tae heave i the tirl

seanchoiscín
faoin droichead—
ag iarraidh éirí sa ghaoth

75

the maggie haps
frae brainch tae brainch—
the bodachs daffin at chess

léimeann snag breac
ó ghéag go géag—
seanóirí ag imirt fichille

flee cannae heave up
frae the flair—
skailt brandy

níl na cuileoga
in ann éirí den urlár—
branda doirte

licht blinters
on a far awa burn—
deuk landin

solas ag preabarnach
ar abhainn i gcéin—
lacha ag tuirlingt

rimie haar—
the wabster's daikert
the gean tree

ceo seaca—
an crann silíní maisithe
ag an damhán alla

brennin leaves—
reek hoves
claps tae the brainches

duilleoga á ndó—
deatach ag éirí
ag cloí leis na géaga

the thrissel leaf:
its ain glisterin
eeshogels

duilleog an fheochadáin:
a reodóga drithleacha
féin aici

the rooster's skirl
snecks throuch the mornin's freist—
het eggs amang the strae

scairt an choiligh
trí shioc na maidine—
uibheacha teo sa tuí

wund i the lum—
brucken airticles
stour alang the causey

an ghaoth sa simléar—
nithe briste
ag rith leo ar an tsráid

the-day
the birk—
fou o auld nests

an bheith
inniu—
lán de shean-neadacha

hairst mornin—
maple leaves
on a gean tree

maidin fhómhair—
duilleoga mailpe
ar chrann silíní

butterie
foryettin, myndin,
foryettin . . . the wey

féileacán
ní cuimhin, is cuimhin,
ní cuimhin leis . . . an bealach

thigger wifie—
her sheddae
skiffs me

bean déirce
teagmhaíonn a scáil
liom

craw shaks
its marrow's stieve bouk
... fite sichtless een

croitheann an préachán
corp righin a leathéin
... súile bána gan radharc

voar sinsheen—
bummer waukens me
dunnerin at the winnock

grian earraigh—
dúisíonn beach mé
ag cnagadh ar an bhfuinneog

Easter—
a monk on's knees
scoors oot the confessional

an Cháisc—
manach ar a ghlúine
an bosca faoistine á sciomradh aige

anither yirdin—
craw in's bleck's
forrit

sochraid eile—
préachán i láthair
i bhfeisteas dubh

furst snaw
on the tosie brainches
mizzlin

an chéad sneachta
ar na géaga teolaí
á leá

bi the weir cairn
the gean's flourish
cum an gane

leacht cuimhneacháin ar an gcogadh
bláthanna silíní
tagtha imithe

tide's oot
maws an boaties
lie at peace

an taoide amuigh
faoileáin is báid
gan chorraí

auld bawdrons
gane—
his dentit cushin

an sean-chat
imithe—
log sa chúisín

maggie no shair:
tae hunker wi the maws
or the craws

snag breac idir dhá chomhairle:
suí leis na faoileáin
nó leis na preácháin

in a seelent vennel
a maw skirls
swallaein the jeelin wund

i gcaolsráid chiúin
ligeann faoileán scread
ag slogadh na gaoithe oighreata

frae
the t.v. aerial
bleckie luve sangs

ón
aeróg theilifíse
amhráin ghrá an loin

fou muin
. . . ma tae keeks oot
frae a rive i ma hose

gealach lán
. . . méar coise ag bogadh amach
as poll sa stoca

meditation chaumer
latecomer
tuim mind craiks

seomra machnaimh . . .
straigléir
díoscán ón aigne fholamh

puddock plowpin
intae the dub
steerin the sterns

plap! frog sa linn
ag cur isteach
ar na réaltaí

watterside treen
cowpt—
fush throuch the brainches

crainn cois abhann
leagtha—
éisc i measc na ngéag

a peerie dug
bowfin
at the wund

maidrín beag
ag amhastraíl
leis an ngaoth

oot frae the haar
a swan
furmin

amach as an gceo
eala
ag teacht i gcruth

the wund
cleedin'm in clouts—
humphed hern

á gléasadh i mbalcaisí
ag an ngaoth—
corr éisc cruinn cuachta

bi the tod's bourie:
muinlit
banes

cois bhrocais
an mhadra rua: cnámha
faoi sholas na gealaí

gangrel—
stame frae's bree
beekin's neb

fear siúil—
a aghaidh á téamh
ag gal ón súp

cluds stourin—
the auld collie
bowfin

deabhadh ar scamaill—
an sean-mhadra caorach
ag tafann

aises
on ma broo
the priest's snell thoum

luaithreach
ar m'éadan
ordóg fhuar an tsagairt

mercat day—
the deid grumphie
smirkin

lá margaidh—
an mhuc mharbh
straois air

lichtnin
laggin
on the snawdraps

tintreach
ag moilliú
ar na plúiríní sneachta

mornin wirds—
the monastery bawdrons
gants

urnaí maidine—
cat na mainistreach
ag méanfach

we aw win awa
frae the lairside—
aw bit a hingin gled

      fágaimid go léir
      an reilig—
      seachas seabhac ar foluain

Chinee hameless
ootby's cairdboard hoose
. . . his shuin

Síneach gan dídean
lasmuigh dá theach cairtpháipéir
. . . a bhróga

114

auld tarry-breeks
in's shooglin cherr
myndin the ocean

seanmhairnéalach
sa chathaoir luascáin . . .
ag smaoineamh ar an aigéan

youthie craw
greitin fir mait—
reid o's craig

préachán óg
ag glaoch ar bhia—
deirge na scornaí

nems aye thair
on the tree—
the hert swallin

inisealacha
ar an gcrann i gcónaí—
an croí ag at

hoose o the deid bairn—
sumyin's left
a cheen o gowans

tigh an linbh mhairbh . . .
slabhra nóiní fágtha
ag duine éigin

other haiku collections from The Onslaught Press:

behind the yew hedge (2015)
Gabriel Rosenstock & Mathew Staunton

Antlered Stag of Dawn (2015)
Gabriel Rosenstock, John McDonald, & Mariko Sumikura

Judgement Day (2016)
Gabriel Rosenstock & Karl Waldmann

and from our friends at Evertype:

The Naked Octopus (2013)
Gabriel Rosenstock & Mariko Sumikura

*Fluttering their way into my head:
an exploration of Haiku for young people* (2014)
Gabriel Rosenstock